AF312031

LE RESIDENT SUPÉRIEUR AU TONKIN
Commandeur de la Légion d'Honneur

à Messieurs les Résidents Chefs de province et les Commandants de territoire militaire.

J'ai l'honneur d'attirer tout particulièrement votre attention sur l'arrêté du 3 Juillet 1930 relatif au recrutement des chefs et sous-chefs de canton, des ly-truong et pho-ly. L'importance de ce texte ne saurait vous échapper. Vous n'ignorez pas que toute modification apportée dans le cadre de la commune ou du canton est toujours grosse de conséquences ; elle touche du plus près à la vie sociale et administrative du pays, elle a son immédiate répercussion sur l'ensemble de la population et notamment sur la population des campagnes qui, en raison de son attachement à ses rizières et à ses coutumes, doit être notre constante préoccupation lorsqu'il s'agit de politique indigène.

L'arrêté du 25 juin 1922 qui règlementait la question et qui avait pour base le système électif a pu pendant longtemps fonctionner sans heurts ni à coups. Mais depuis quelque temps s'étaient révélés des abus de toute sorte, des inconvénients de toute nature sur lesquels je n'ai pas à insister puisque aussi bien Résidents et mandarins étaient unanimes à les signaler et à les déplorer. La Chambre des Représentants du Peuple s'en était elle-même émue et avait exprimé le vœu d'y voir porter remède. De plus dans de nombreuses provinces il avait été constaté que les fonctions de Tông-ly, autrefois briguées et recherchées, étaient nettement délaissées par les candidats susceptibles de s'y intéresser, de sorte que de trop nombreux postes se trouvaient vacants au détriment de la bonne marche du service. Une réforme s'imposait que réalise l'arrêté du 3 Juillet 1930. Sans rompre avec le passé il institue concurremment avec l'élection un mode nouveau de désignation d'office et sous certaines conditions des tông-ly qui permettra sinon de supprimer tout au moins d'atténuer dans une large mesure les inconvénients de l'ancien système et facilitera tout en l'améliorant le recrutement des autorités cantonales et communales.

*
* *

Trois principes nouveaux forment la base de l'arrêté du 3 Juillet 1930 : nomination des Tông-ly par l'autorité indigène, recours aux nominations d'office de préférence à l'élection, attribution plus nombreuse aux Tông-ly de grades de mandarinat.

Tout d'abord et en conformité avec l'article 1er de l'arrêté du 20 septembre 1929, les chefs et sous-chefs de canton, les ly-truong et pho-ly seront désormais nommés par décision du mandarin provincial Par voie de conséquence, ce même mandarin prononcera également les sanctions disciplinaires à intervenir sauf toutefois la révocation en ce qui concerne les chefs et sous-chefs de canton. Le droit de contrôle et d'intervention qui vous est dévolu se manifestera par la nécessité imposée à toute décision de ce genre signée du mandarin provincial d'être soumise à la ratification de l'Administrateur-Résident. Cette ratification est plus qu'une simple approbation et je l'ai fait spécifier en introduisant dans le texte même de l'arrêté la traduction exacte en langue annamite. Vous aurez donc à examiner avec soin le dossier qui vous sera transmis car votre signature l'authentifiera en quelque sorte et donnera force exécutoire à la décision de l'autorité annamite Par contre vous serez déchargé des détails des enquêtes préliminaires et de la procédure électorale, le dossier vous étant présenté en bloc, en sorte que cette façon de procéder ne pourra apporter qu'allègement aux charges qui vous incombent

D'ailleurs et c'est là également un point très important de la réforme intervenue, la nomination d'office va tendre à devenir la règle générale tandis que l'élection deviendra l'exception. Le candidat que désigneront dans les conditions prévues dans le texte de l'arrêté, son ancienneté de service et ses fonctions antérieures sera nommé d'office. A défaut de candidat pouvant être promu d'office il faudra recourir à l'élection ; mais, même dans ce cas s'il n'y a qu'un candidat unique remplissant les conditions exigées et si au cas de plusieurs candi-

dats un seul se trouve dans les conditions requises, ce candidat unique sera également nommé d'office. Ce n'est qu'au cas
de plusieurs candidatures concurremment agréées qu'il convien-
dra de recourir à l'élection. L'élection deviendra donc peu à
peu l'exception et encore n'aura-t-elle lieu qu'avec un collège
électoral réduit et des formalités simplifiées. Peut-être au début
aurons-nous quelques déceptions en ce qui concerne la valeur
réelle des candidats ainsi nommés d'office mais les mesures
exposées ci-après contribueront à l'amélioration du recrutement
et cet inconvénient passager semble inexistant à côté des avantages que nous sommes en droit d'attendre de cette réforme.

Il y avait lieu en effet d'attirer à nouveau vers ces fonctions actuellement quelque peu délaissées, je l'ai dit, des candidats qui, tout en ayant la valeur et l'expérience nécessaire, res-
taient hésitants lorsqu'il leur arrivait de mettre en balance les
nombreuses responsabilités qu'ils assumaient et le peu d'avantages qu'ils pouvaient en retirer. Aussi ai-je décidé que des
grades de mandarinat seraient attribués d'office et automatiquement aux chefs de canton après trois ans de services, aux
sous-chefs de canton après quatre ans de services, et sans
aucune condition au cas de services exceptionnels.

Pour les ly-truong et pho-ly des propositions spéciales leur
seront réservées deux fois par an afin que chaque année ces
modestes mais utiles auxiliaires de l'Administration puissent en
nombre suffisant recevoir les récompenses qui leur sont dues
et qu'ils méritent à tous égards en raison même des multiples
et importantes fonctions dont ils sont chargés.

J'estime maintenant utile de préciser ici certains points de
détail qui n'ont pu recevoir leur complet développement dans
le texte même de l'arrêté mais qui ont chacun leur importance ; ne serait-ce que pour répondre à l'avance à certaines ques-
tions et pour assurer une uniformité de vues dans la mise en
vigueur du nouveau texte à appliquer.

Articles 8 et 52 — Parmi les conditions à remplir par les
candidats aux fonctions de Tong ly les unes sont nettement déterminées, âge, résidence, etc... , les autres dépendent de

l'appréciation du mandarin provincial : estimation de l'état de fortune du candidat, et connaissance du quôc-ngu. Je vous serais obligé en cette occasion de vous rapprocher du mandarin provincial et de vous entendre avec lui sur la latitude qui lui est ainsi laissée. A titre d'indication, je vous dirai que les biens du ly-truong devront en fait être proportionnels à l'importance de la commune sans être obligatoirement proportionnés à l'importance de l'impôt à verser par le village. De même conviendra-t-il de se montrer assez large en ce qui concerne la clause relative à la connaissance du quôc-ngu. Le texte porte connaissance élémentaire ; il faut entendre par là lecture et écriture courantes. La preuve pourra en être faite par un simple exercice de lecture et d'écriture n'offrant aucune difficulté. De plus le texte présenté à la lecture devra obligatoirement être imprimé et non écrit à la main.

ART. 5, 37 et 50. — Les services exceptionnels dont il est question ici devront en règle générale non seulement avoir été récompensés par le Résident Supérieur lui-même mais mention du caractère exceptionnel des services rendus devra avoir été portée dans le texte intervenu.

ART. 20, 21, 22 et 23. — Dorénavant et contrairement au régime antérieurement en vigueur, l'électeur ne doit porter qu'un nom sur son bulletin de vote ; tout bulletin qui porte plusieurs noms est nul.

Vous exigerez que, avant toute opération de scrutin, le président du bureau de vote explique clairement aux électeurs les prescriptions des nouveaux textes et soit lui-même au courant des difficultés ou contestations qui peuvent se présenter le plus habituellement.

ART. 34 et 35. — Sur la demande de plusieurs chefs de province et, tenant compte de vœux émis par la Chambre des Représentants du Peuple, les décisions portant licenciement et révocation, considérées précédemment comme irrévocables, pourront dorénavant être modifiées. Ces modifications interviendront soit, sans délai, si l'intéressé s'est fait remarquer par une action exceptionnellement méritoire soit après un délai qui ne pourra être inférieur à trois ans s'il a participé à des œuvres d'intérêt social, telles que participation à des souscriptions ouvertes pour œuvre charitable, construction d'écoles, maternités, etc.

Cette mesure s'applique à tous les tông-ly, mais vous noterez que la révocation des chefs et sous-chefs de canton étant dorénavant prononcée par le Résident Supérieur, c'est à lui seul qu'il appartiendra de décider s'il y a lieu de revenir sur la décision prise.

Art. 8, 52 et 74. — Si les conditions d'aptitude physique prévues aux articles 8 et 52 sont laissées à l'appréciation du mandarin provincial, il ne saurait en être de même pour l'article 74. Dans ce cas l'inaptitude physique doit être dûment constatée, c'est-à-dire établie par un certificat médical régulièrement obtenu à la suite d'une visite par les soins d'un médecin appartenant à l'Administration.

Art. 76 — Cet article apporte une modification importante à l'octroi de grades de mandarinat aux tông-ly. Il y est prévu des grades attribués d'office au titre grade de début ou avancement en grade pour les chefs et sous-chefs de canton (article 28 § 1 et 2, article 29, article 44 § 1 et 2, article 45), des propositions pour grades de début et avancements en grade en faveur des ly-truong et pho-ly (article 59 et 67), enfin pour les deux catégories la possibilité d'avancements en grade dans la hiérarchie mandarinale (articles 28 § 3 et 44 § 3).

Pour assurer aux tông-ly, l'obtention de ces avantages et pour éviter que les propositions les concernant ne disparaissent dans la masse des autres propositions, l'article 76 a prévu :

1°/ que les propositions à des grades de mandarinat en faveur des tông-ly auront lieu deux fois par an, à l'occasion du Têt et du 14-juillet ;

2°/ que ces propositions seront établies sur deux états distincts, l'un concernant les nominations prévues d'office pour les chefs et les sous-chefs de canton, l'autre concernant les propositions faites en faveur des ly-truong et pho-ly.

Les nominations d'office sont pour les chefs de canton celles prévues à l'article 28 § 1 et 2 pour les grades de début et à l'article 29 pour certains avancements en grade ; pour les sous-chefs de canton celles prévues à l'article 44 § 1 et 2 pour les grades de début et à l'article 45 pour certains avancements en grade. Les autres propositions d'avancement en grade prévues au paragraphe 3 de l'article 28 et au paragraphe 3 de l'article 44 seront faites en même temps que l'ensemble des propositions annuelles présentées uniquement à l'occasion du Têt.

Les propositions prévues en faveur des ly-truong et pho-ly par l'article 59 § 1 et 3, l'article 67, seront de même établies spécialement à l'occasion du Têt et du 14 juillet ; elles devront être rigoureusement présentées par fonctions, ly truong d'une part, pho-ly de l'autre, et dans chaque fonction *par ordre de mérite*

Les avancements en grade prévus à l'article 59 § 2 figureront dans l'ensemble des propositions annuelles à l'occasion du Têt.

Dans les états spécialement établis pour les Tông-ly, les renseignements fournis sur les candidats devront être complets, porter l'indication du nom en caractères et spécifier notamment la date exacte de la nomination. Ces états devront me parvenir au plus tard un mois avant le Têt et le 14 juillet et en simple expédition. Toutefois à titre exceptionnel les premiers états établis à ce titre et à l'occasion du 14 juillet 1930 seront reçus pendant un mois à compter de la date de la présente circulaire

Vous aurez enfin à vous concerter avec votre mandarin provincial pour l'établissement de modèles relatifs aux décisions de nominations, avis de vacance, procès-verbaux d'élection, etc . . Un modèle uniforme permettra aux mandarins intéressés un gain appréciable de temps par l'emploi d'imprimés établis à l'avance, diminuera les sujets de contestations ou de réclamations et facilitera votre contrôle personnel.

Les imprimés de brevet actuellement en vigueur continueront à être utilisés mais je pense que lors d'un changement de titulaire dans les fonctions de chefs de canton ou de ly-truong, une légère modification pourrait être apportée au cachet remis à l'intéressé pour mettre fin à certains abus consistant dans l'apposition du cachet par le tông-ly sortant sur des feuillets blancs utilisés ultérieurement pour des fins frauduleuses. Avec un cachet légèrement modifié chacun n'aura la responsabilité que des actes réellement certifiés pendant son passage aux affaires et ce détail pourra, si besoin, être invoqué en justice.

Je vous signale enfin qu'il a été porté à ma connaissance que parfois certains Tong-ly ont été mis en état d'arrestation sans que vous en ayez été avisé. Cette façon de faire est inadmissible et vous devez exiger d'être tenu au courant des informations ou instructions ouvertes contre les autorités cantonales et communales de votre province, Il est indispensable que vous soyez tenu au courant de leurs faits et gestes pour pouvoir intervenir en leur faveur ou contre eux suivant les circonstances et en tout cas pour assurer leur remplacement en cas de besoin.

Ce nouveau texte devra entrer en application dès réception de ces instructions. Ses dispositions, et c'est un point important sur lequel j'insiste, ne seront applicables que dans les provinces habitées par des populations de race annamite. Le recrutement des autorités cantonales et communales dans les régions du Haut-Tonkin devra continuer à être assuré conformément aux coutumes locales.

Je vous prie de donner la plus large publicité à l'arrêté joint ainsi qu'à la présente circulaire.

Hanoi, le 3 Juillet 1930

René ROBIN.

LE RÉSIDENT SUPÉRIEUR AU TONKIN

Commandeur de la Légion d'Honneur

Vu le décret du 20 octobre 1911 fixant les pouvoirs du Gouverneur de la Cochinchine et des Résidents Supérieurs ;

Vu l'ordonnance royale du 26 juillet 1897 rendue exécutoire par arrêté du 13 août 1897 ;

Vu l'arrêté du 25 juin 1922 règlementant les conditions de recrutement et d'élection des autorités cantonales et communales au Tonkin ;

Vu l'arrêté du 31 décembre 1926 règlementant l'attribution des grades de mandarinat aux autorités cantonales et communales et aux particuliers ;

Vu les arrêtés du 26 août 1922 et du 25 février 1927 portant : 1°/ réorganisation du conseil administratif communal ; 2°/ organisation des budgets des communes annamites du Tonkin ;

Vu le traité passé le 6 juin 1884 entre la France et l'Annam et notamment l'article 8 ;

Le Comité Privé entendu,

ARRÊTE :

ARTICLE premier.— Les chefs et sous-chefs de canton, les ly-truong et pho-ly sont nommés par décision du mandarin provincial ratifiée (Duyêt-y) par l'Administrateur Résident et dans les conditions déterminées ci-après.

ART. 2. — Les chefs et sous-chefs de canton, les ly-truong et pho-ly servent d'intermédiaire entre l'Administration d'une part, le canton et la commune d'autre part ; ils sont également les représentants officiels des cantons et des communes auprès de l'Administration du Protectorat. Ils relèvent uniquement des Administrateurs Résidents ou de leurs délégués ainsi que des mandarins provinciaux et des mandarins chefs de circonscription.

Les ordres qu'ils reçoivent ne peuvent en conséquence émaner que de ces autorités.

ART. 3 — Par dérogation à ces dispositions, et par délégation de l'Administrateur Résident, les fonctionnaires et agents européens de tous ordres qui tiennent officiellement de la loi ou des règlements le droit de réquisition sur place peuvent en vertu de leurs attributions et dans les cas limitativement énumérés par les textes en vigueur, réquisitionner directement, à charge par eux d'en aviser immédiatement l'Administrateur Résident, les agents cantonaux et communaux. Ceux-ci doivent en pareil cas, rendre compte immédiatement au mandarin dont ils dépendent, lequel à son tour rend compte sous le couvert du mandarin provincial à l'Administrateur Résident (article 8 du traité de 1884 entre la France et l'Annam).

TITRE I
Chefs et sous-chefs de canton

Art. 4. — *Attributions administratives et judiciaires* — Les chefs et sous-chefs de canton veillent au respect des lois et règlements et à l'exécution des décisions de l'Administration. Indépendamment des attributions judiciaires qui leur sont dévolues par l'article 348 du Code de Procédure Civile et Commerciale, ils concourent à la recherche des crimes et délits, constatent les contraventions dans les conditions déterminées par le Code de Procédure Pénale (articles 1 et 10) et sont chargés de la police générale du canton.

Ils sont tenus d'informer le mandarin chef de circonscription de tous les événements intéressant la sécurité publique.

Ils contrôlent l'exécution du service des autorités communales, et doivent rendre compte au mandarin chef de circonscription de toute négligence ou irrégularité constatée.

* * *

Art. 5 — *Mode de désignation* — Les fonctions de chef de canton seront dévolues d'office et sous réserve de son acceptation au sous-chef du dit canton ayant exercé ses fonctions pendant au moins 3 ans, ou, sans conditions d'ancienneté, s'il a été l'objet de la part du Résident Supérieur d'une récompense pour services exceptionnels rendus dans l'exercice des dites fonctions.

Lorsque dans le canton il existera plusieurs sous-chefs de canton réunissant les conditions ci-dessus, l'ordre de préférence sera déterminé par l'ancienneté dans la fonction.

Le candidat susceptible d'être nommé d'office doit remplir les conditions prévues à l'article 8.

Art. 6. — A défaut de sous-chef de canton promu d'office, les chefs de canton seront recrutés par voie d'élection.

Art. 7. — Sont admis à poser leur candidature :

1°/ les sous-chefs de canton en fonctions ;

2°/ les sous-chefs de canton démissionnaires ;

3°/ les ly-truong en fonctions depuis au moins 2 ans ;

4°/ les ly-truong démissionnaires ayant rempli leurs fonctions pendant trois ans ;

5°/ les chanh-huong-hôi et les pho-huong-hôi en fonctions depuis deux ans au moins ;

6°/ les anciens chanh-huong-hôi ayant exercé leurs fonctions pendant trois ans au moins, non réélus ou démissionnaires ;

7°/ les anciens agents des bureaux de l'Administration indigène retraités ou démissionnaires après trois ans de services.

Art. 8. — Les candidats aux fonctions de chef de canton doivent se trouver en dehors des cas d'inéligibilité prévus par l'article 69 et remplir les conditions suivantes qui seront laissées à l'appréciation du mandarin provincial :

1°/ être âgés de 30 ans au moins et 55 ans au plus et être physiquement aptes à un service actif ;

2°/ être inscrits au rôle d'un des villages du canton depuis 5 ans au moins et y habiter ;

3°/ posséder dans le canton des biens immobiliers d'une valeur de 500$00 au minimum ;

4°/ jouir d'une bonne réputation et avoir eu en toutes circonstances, une attitude politique irréprochable vis-à-vis de l'Administration du Protectorat ;

5°/ faire preuve, préalablement à l'acceptation de leur candidature, de la connaissance élémentaire du quôc-ngu.

Art. 9. — Le collège électoral est composé dans chaque canton :

1°/ des chefs de canton démissionnaires ;

2°/ des sous-chefs de canton en exercice ou démissionnaires ;

3°/ des ly-truong et pho-ly en fonctions ;

4°/ des chanh, pho-huong-hôi en fonctions ;

5°/ des membres de la Chambre des Représentants du Peuple du Tonkin et des Conseils provinciaux en fonctions ;

6°/ des présidents des Conseils de Ky-muc en exercice.

ART. 10. — La vacance des fonctions de chef de canton est prononcée par le mandarin provincial. Lorsqu'il y a lieu de recourir à l'élection, le mandarin chef de circonscription procède d'office, et pendant huit jours, à l'affichage de cette vacance :

1°/ au siège du phu, huyên ou châu ;

2°/ au dinh ou à défaut à l'endroit le plus fréquenté de chaque village.

Il informe le mandarin provincial de la date de l'accomplissement de cette formalité au siège de la circonscription.

ART. 11 — Les candidatures sont présentées par l'intéressé et directement reçues au bureau du mandarin provincial, où elles sont enregistrées et affichées au fur et à mesure de leur réception.

Elles sont reçues pendant les quinze jours suivant la date de l'affichage de la vacance au siège de la circonscription. A défaut de candidature dans le délai prévu, un délai de même durée courra à partir du jour où une première candidature aura été reçue et affichée au bureau du mandarin provincial.

ART. 12. — A l'expiration de ce délai elles sont transmises par le mandarin provincial au mandarin chef de circonscription, qui procède immédiatement à l'affichage des candidatures au siège de la circonscription. Cet affichage est maintenu pendant une durée de 8 jours à compter de la date d'affichage au siège de la circonscription. Les réclamations sont reçues jusqu'à la clôture de la période d'affichage, et aucune réclamation n'est admise passé ce délai.

ART. 13. :— Le mandarin chef de circonscription transmet avec son avis dans un délai de huit jours les dossiers de candidature et de réclamations au mandarin provincial. Celui-ci les examine, et, dans les huit jours qui suivent, arrête la liste des candidats. Cette liste est approuvée par l'Administrateur Résident dont la décision est sans appel.

Art 14. — S'il n'existe qu'un seul candidat, et si celui-ci remplit les conditions requises par les articles 7 et 8 ci-dessus, ou si au cas de plusieurs candidats, un seul remplit les conditions requises, le mandarin provincial prononce d'office sa nomination sous réserve de ratification par l'Administrateur Résident

Art. 15. — S'il existe plusieurs candidatures agréées la liste des candidats dûment approuvée et la décision du mandarin provincial fixant le jour, l'heure et le lieu de vote, sont aussitôt affichées à la diligence du mandarin chef de circonscription au siège de phu ou huyên et dans les villages du canton

L'affichage au siège de la circonscription a lieu pendant un délai minimum de huit jours. Dans les villages il est constaté par un procès-verbal de ly-truong qui en envoie un exemplaire au chef de circonscription

Art. 16. — La liste électorale est établie par les chefs de circonscription dans les huit jours qui suivent la réception de la décision prononçant la vacance et affichée au siège de la circonscription pendant une durée de huit jours. Les réclamations qu'elle a suscitées sont transmises en même temps que les dossiers de candidature avec l'avis des chefs de circonscription, au mandarin provincial qui les examine dans les huit jours qui suivent leur réception.

Aucune réclamation n'est admise après la transmission au mandarin provincial.

Art. 17. — Le dossier entier (liste des candidats et liste électorale) est retourné au mandarin chef de circonscription qui procède aux rectifications, telles qu'elles ont été le cas échéant indiquées par le mandarin provincial, sur les listes qui restent affichées jusqu'au jour de l'élection.

Art. 18. — Le lieu de vote est en principe le siège du phu ou du huyên ou tout autre centre important du canton

Art. 19. — Le bureau de vote est présidé par le mandarin provincial ou son délégué ; il comprend également deux assesseurs choisis parmi les électeurs les plus âgés

Art. 20 — L'élection ne peut avoir lieu qu'autant que le collège électoral est représenté par la moitié des électeurs. Si cette condition n'est pas remplie, l'élection a lieu dans les huit jours à une date fixée et affichée par le Président du bureau de vote et quel que soit le nombre des votants.

Art. 21. — Le vote a lieu au scrutin secret. Le droit de vote est personnel et ne peut s'exercer ni par représentation ni par correspondance.

Le scrutin est ouvert pendant deux heures. Les électeurs se présentent devant le bureau de vote porteurs de leur carte personnelle ou du titre d'identité prévu par l'arrêté du 9 novembre 1918; faute de quoi, ils ne peuvent prendre part au scrutin. Le vote est constaté par le paraphe du Président apposé en face du nom de chaque électeur sur la copie de la liste établie à l'avance par le mandarin chef de la circonscription.

Chaque électeur porte sur son bulletin de vote le nom du candidat de son choix. Tout bulletin portant plusieurs noms est nul.

Art. 22. — Est déclaré élu sous les réserves indiquées à l'article 26 le candidat ayant obtenu le plus grand nombre de suffrages s'il réunit au moins la moitié plus un des suffrages exprimés

Art 23 — Dans le cas où aucun des candidats n'obtient la majorité absolue, il est procédé à un second tour de scrutin immédiatement après la proclamation des résultats du premier tour.

Le candidat réunissant le plus grand nombre de suffrages est alors déclaré élu, sous les réserves indiquées à l'article 26.

En cas d'égalité de voix entre deux candidats, le plus âgé est proclamé élu, sous les réserves indiquées à l'article 26 En cas d'égalité d'âge l'élu est désigné par un tirage au sort effectué par les candidats eux-mêmes en présence du bureau de vote.

Art. 24. — L'élection terminée, le procès-verbal est établi séance tenante, il est signé par le président et les deux assesseurs.

Ce procès-verbal est adressé sans retard avec les bulletins de vote au mandarin provincial par l'intermédiaire du mandarin chef de circonscription.

Art. 25. — Les réclamations relatives aux irrégularités qui auraient pu se produire à l'occasion ou au cours du vote, doivent être formulées immédiatement après le scrutin et consignées sur le procès-verbal.

Art. 26. — L'élection n'est définitive qu'après approbation du mandarin provincial et ratification de l'Administrateur Résident.

Art. 27. — Le candidat désigné d'office par voie d'élection dûment approuvée est nommé chef de canton par décision du mandarin provincial ratifiée par l'Administrateur Résident et son aptitude à exercer ses fonctions est consacrée par la délivrance d'un brevet et d'un cachet.

Ce brevet est établi par les soins du mandarin provincial en quôc-ngu et en caractères sur un papier grand format d'après un modèle type arrêté par le Résident Supérieur. Il est revêtu des sceaux et signatures du mandarin provincial et de l'Administrateur Résident, et est remis à l'intéressé, en même temps que le cachet, par l'Administrateur Résident assisté du mandarin provincial.

Art. 28 — Le chef de canton qui a rempli ses fonctions pendant trois ans obtiendra le grade de 9e degré 2e classe dans le mandarinat, sous réserve qu'il n'aura pas fait l'objet d'un blâme pendant ces trois années.

Le chef de canton qui a rempli les fonctions de sous-chef de canton pendant au moins deux ans ou celles de ly truong pendant au moins trois ans, obtiendra le même grade après un an et demi de fonctions, sous réserve qu'il n'aura pas fait l'objet d'un blâme pendant cette période.

Il peut obtenir par la suite, à titre de récompense, un avancement en grade, jusqu'au 7e degré 1re classe inclusivement après trois ans passés dans chaque grade et sous réserve qu'il n'aura pas été l'objet d'un blâme pendant ce laps de temps.

En cas de services exceptionnels, aucune de ces deux conditions ne sera exigée.

Art. 29. — Les chefs de canton, possesseurs lors de leur nomination, d'un grade dans le mandarinat conservent ce grade Ils obtiendront une promotion au grade supérieur lorsqu'ils auront rempli leurs fonctions pendant trois ans, sans avoir été l'objet d'un blâme.

Art. 30. — La démission des chefs de canton ne peut être acceptée qu'après trois ans de fonctions, sauf le cas de maladie grave dûment constatée ou de deuil par suite du décès du père ou de la mère.

Elle est acceptée par décision du mandarin provincial ratifiée par l'Administrateur Résident. Mention en est faite sur le brevet.

Art 31. — Les peines disciplinaires applicables aux chefs de canton sont :

1°/ la réprimande ;

2° le blâme avec inscription au dossier entraînant un retard d'un an dans les nominations ou promotions à un grade de mandarinat.

3°/ le licenciement ;

4°/ la révocation.

Art. 32. — Les chefs de canton sont réprimandés, blâmés et licenciés par décision du mandarin provincial ratifiée par l'Administrateur Résident. Ils sont révoqués par arrêté du Résident Supérieur sur la proposition de l'Administrateur Résident après avis du mandarin provincial.

En cas de licenciement, mention en sera portée sur le brevet, lequel reste en possession de l'intéressé.

La révocation entraîne le retrait d'office et la destruction immédiate du brevet de chef de canton ; elle peut entraîner également la rétrogradation dans le mandarinat ou le retrait de grade. Le Résident Supérieur statue à cet égard sur la proposition de l'Administrateur Résident après avis du mandarin provincial.

Art. 33. — Toute condamnation à une peine de prison sans sursis prononcée par un tribunal français ou indigène jugeant en matière criminelle ou correctionnelle entraînera la révocation du chef de canton contre lequel cette peine aura été prononcée.

Le chef de canton subissant la contrainte par corps pour dette et mis ainsi dans l'impossibilité de s'acquitter de ses fonctions sera mis en demeure de démissionner, et licencié s'il ne présente pas sa démission.

Art. 34. — En cas de participation à des œuvres d'intérêt social, le licenciement prononcé contre un chef de canton pourra être transformé en démission par décision du Résident sur la proposition du mandarin provincial après un délai qui ne pourra être inférieur à trois ans.

En cas d'action particulièrement méritoire, la même mesure pourra être prise sans condition de délai.

Art. 35. — La révocation pourra, dans les mêmes conditions que ci-dessus, être transformée en démission par arrêté du Résident Supérieur rendu sur la proposition de l'Administrateur Résident après avis du mandarin provincial.

La révocation, survenue à la suite d'une condamnation à une peine de prison sans sursis prononcée par un tribunal français ou indigène jugeant en matière criminelle ou correctionnelle pourra être rapportée dans les mêmes conditions par le Résident Supérieur, en cas de réhabilitation de l'intéressé

Art. 36. — En principe le chef de canton démissionnaire continue à assurer son service et conserve son cachet jusqu'à la nomination de son remplaçant.

Dans le cas de maladie grave, de licenciement ou de révocation, le service est automatiquement et provisoirement assuré par le plus ancien des sous-chefs de canton en activité ou, à défaut, par un ly-truong désigné par décision du mandarin provincial ratifiée par l'Administrateur Résident.

Dans les divers cas, aussitôt la vacance ouverte, le cachet est remis directement à l'intérimaire.

Tout refus de remettre le dit cachet est puni des peines prévues à l'article 85 du Code Pénal annamite.

Les mêmes peines sont applicables à tout chef de canton révoqué qui refuserait de remettre son brevet.

Art. 37. — Les fonctions de sous-chef de canton seront dévolues d'office et sous réserve de son acceptation au ly-truong en fonctions dans le dit canton depuis au moins quatre ans, ou sans conditions d'ancienneté s'il a été l'objet de la part du Résident Supérieur d'une récompense pour services exceptionnels rendus dans l'exercice des dites fonctions.

Lorsque dans le canton il existera plusieurs ly-truong réunissant les conditions ci-dessus, l'ordre de préférence sera déterminé par l'ancienneté dans la fonction,

Le candidat susceptible d'être nommé d'office doit remplir les conditions prévues à l'article 40.

Art. 38. — A défaut de ly-truong promu d'office, les sous-chefs de canton seront recrutés par voie d'élection.

Art. 39. — Sont admis à poser leur candidature :

1°/ les sous-chefs de canton démissionnaires ;

2°/ les ly-truong en service dans le canton depuis au moins un an et les ly-truong démissionnaires ayant rempli leurs fonctions pendant au moins trois ans ;

3°/ les pho-ly comptant au moins trois années de service ou ayant obtenu une récompense administrative dans l'exercice de leurs fonctions et les pho-ly démissionnaires ayant exercé leurs fonctions pendant au moins trois ans ;

4°/ les chanh pho-huong-hoi en fonctions depuis un an au moins ;

5°/ les anciens chanh-pho-huong-hôi ayant exercé leurs fonctions pendant au moins trois ans, non réélus ou démissionnaires ;

6°/ les anciens agents des bureaux de l'Administration indigène retraités ou démissionnaires après 3 ans de services.

Art 40 — Les candidats aux fonctions de sous chef de canton doivent se trouver en dehors des conditions d'inéligibilité prévues à l'article 69 et remplir les conditions suivantes qui seront laissées à l'appréciation du mandarin provincial :

1°/ être âgés de 25 ans au moins et 50 ans au plus et être physiquement aptes à un service actif ;

2°/ être inscrits au rôle d'un des villages du canton depuis cinq ans au moins et y habiter ;

3°/ posséder dans le canton des biens immobiliers d'une valeur de trois cents piastres au minimum ;

4° jouir d'une bonne réputation et avoir eu en toutes circonstances une attitude politique irréprochable vis-à-vis de l'Administration du Protectorat ;

5°/ faire preuve, préalablement à l'acceptation de leur candidature, de la connaissance élémentaire du quôc-ngu.

Art. 41. — Le collège électoral qui désignera le sous-chef de canton sera identique à celui prévu à l'article 9 pour la désignation des chefs de canton et comprenant en plus le chef de canton en fonctions.

Art. 42. — Les prescriptions des articles 10 à 26 inclus du présent arrêté sont applicables aux élections des sous-chefs de canton.

Art 43. — Le candidat désigné d'office ou par voie d'élection dûment approuvée est nommé sous-chef de canton par décision du mandarin provincial ratifiée par l'Administrateur-Résident Son aptitude à exercer ses fonctions est consacrée par la délivrance d'un brevet

Ce brevet est établi par les soins du mandarin provincial en quôc-ngu et en caractères sur un papier grand format d'après un modèle type arrêté par le Résident Supérieur. Il est revêtu des sceaux et signatures du mandarin provincial et de l'Administrateur-Résident et est remis à l'intéressé par l'Administrateur-Résident assisté du mandarin provincial.

Art. 44· — Après 4 ans de services le sous-chef de canton obtiendra le grade de 9e degré 2e classe dans le mandarinat sous réserve qu'il n'aura pas fait l'objet d'un blâme pendant ces quatre années.

Le sous-chef de canton qui a rempli les fonctions de ly-truong ou de pho-ly pendant trois ans obtiendra le même grade après deux ans de fonctions sous réserve qu'il n'aura pas fait l'objet d'un blâme pendant cette période.

Il peut obtenir par la suite, à titre de récompense, un avancement en grade jusqu'au 8e degré 1ère classe inclusivement, après quatre ans passés dans chaque grade, et sous réserve qu'il n'aura pas fait l'objet d'un blâme pendant ce laps de temps

En cas des ervices exceptionnels, aucune de ces deux conditions ne sera exigée

ART. 45. — Les sous-chefs de canton possesseurs lors de leur élection d'un grade de mandarinat conservent ce grade. Ils obtiendront une promotion au grade supérieur lorsqu'ils auront rempli leurs fonctions pendant quatre ans sans avoir été l'objet d'un blâme

ART. 46. — Les dispositions des articles 30 à 35 inclus concernant la démission et les mesures disciplinaires sont applicables aux sous chefs de canton

ART. 47. — En principe le sous-chef de canton démissionnaire continue à assurer son service jusqu'à la nomination de son remplaçant.

Dans le cas de maladie grave, de licenciement ou de révocation, le service est automatiquement et provisoirement assuré par le plus ancien des ly-truong du canton en activité, désigné par décision du mandarin provincial ratifiée par l'Administrateur Résident.

Les peines prévues à l'article 86 du Code Pénal Annamite sont applicables à tout sous-chef de canton révoqué qui refuserait de remettre son brevet.

TITRE II
Ly-truong et Pho ly

ART. 48. — *Attributions* — Le ly truong sert d'intermédiaire entre l'Administration et la commune. Il a la garde des archives du village autres que celles du conseil administratif communal, des rôles du village et des instructions de l'Administration.

Le ly-truong s'occupe spécialement du recouvrement des impôts dus au Protectorat, dont le village reste néanmoins solidairement responsable, et de leur versement au Trésor

Il est chargé de l'exécution des lois et règlements et des décisions de l'Administration, de l'établissement de tous les documents demandés par l'autorité supérieure, de la certification des actes.

Il notifie, signifie ou exécute dans le village les actes émanant de l'autorité judiciaire

Il est chargé de la recherche des crimes et délits, de la constatation des contraventions et en général de la police intérieure du village.

Il est tenu d'informer le mandarin chef de circonscription de tous les événements intéressant la sécurité publique.

Il a la surveillance des voies terrestres et fluviales et de tous les ouvrages d'intérêt public situés sur le territoire du village tels que digues, voies ferrées, ponts, lignes télégraphiques et téléphoniques, etc...

Art. 49. — Le pho-ly seconde le ly-truong dans toutes ses attributions. Il est plus spécialement chargé, dans l'agglomération qui l'a élu, des services de police et de voirie.

* *
*

Art. 50. — *Mode de désignation* — Les fonctions de ly-truong pourront être dévolues d'office et sous réserve de son acceptation au pho-ly en exercice ayant rempli ses fonctions dans la commune pendant au moins 3 ans ou, sans condition d'ancienneté s'il a été l'objet de la part du Résident Supérieur d'une récompense pour services exceptionnels rendus dans l'exercice des dites fonctions.

Lorsque dans la commune il existera plusieurs pho-ly remplissant les conditions ci-dessus, le ly-truong sera désigné par la voie de l'élection.

Le candidat susceptible d'être nommé d'office doit remplir les conditions prévues à l'article 52.

Art. 51. — A défaut de pho-ly promu d'office le ly-truong sera désigné par un collège électoral composé de la façon suivante :

1°/ les chanh et pho-huong hoi, thu-ky, thu-quy chuong-ba, hô-lai en fonctions dans le ou les hameaux constituant la commune ;

2°/ les chefs et sous-chefs de canton en fonctions ou démissionnaires et inscrits dans le village ;

3°/ les ly-truong démissionnaires et les pho-ly en fonctions ou démissionnaires ;

4°/ le président en exercice du conseil des ky-muc.

Art. 52. — Les ly-truong sont recrutés parmi les Anna-mites ne se trouvant pas dans les conditions d'inéligibilité fixées à l'article 69 et remplissant les conditions suivantes lais-sées à l'appréciation du mandarin provincial :

1°/ être âgés de 25 ans au moins et 50 ans au plus et être physiquement aptes à exercer un service actif ;

2°/ jouir d'une bonne réputation et avoir eu, en toutes cir-constances, une attitude politique irréprochable vis-à-vis de l'Administration du Protectorat ;

3°/ posséder des biens immeubles d'une certaine importance dans le village, y être inscrit et y habiter ;

4°/ faire préalablement preuve de la connaissance élémen-taire en quôc-ngu.

Art. 53. — La vavance des fonctions de ly-truong est prononcée par le mandarin provincial et notifiée au village. Dans un délai de quinze jours après cette notification, les can-didatures à l'emploi de ly-truong sont présentées par l intéressé et directement reçues au bureau du mandarin provincial où elles sont enregistrées. A l'expiration de ce délai les candida-tures sont transmises pour enquête au mandarin chef de cir-conscription. Celui-ci les retourne avec son avis motivé dans un délai de dix jours au mandarin provincial

Art. 54. — S'il n'existe qu'un seul candidat, et si celui-ci remplit les conditions requises par l'article 52 ou si, au cas de plusieurs candidats, un seul remplit les conditions requises, le mandarin provincial prononce d'office sa nomination sous réserve de la ratification de l'Administrateur-Résident.

Art. 55. — S'il existe plusieurs candidatures agréées, le mandarin provincial fixe la date de l'élection.

Art. 56. — L'élection aura lieu au dinh du village, en principe sous la présidence du chef de canton, et si besoin est, sous la présidence du mandarin chef de circonscription ou du délégué du mandarin provincial.

Le président de l'assemblée sera assisté de deux assesseurs qui seront le président du conseil des ky-muc et le chanh-huong-hôi, et à défaut, les deux membres les plus âgés.

Art. 57. — L'élection n'aura lieu qu'autant que la moitié des membres de l'assemblée est présente

Si cette condition n'est pas remplie, l'élection aura lieu dans les huit jours, à une date fixée et affichée par le président de l'assemblée et quel que soit le nombre des votants.

Est déclaré élu, sous les réserves indiquées à l'article 26, le candidat ayant obtenu le plus grand nombre de suffrages, s'il réunit la moitié plus un des suffrages exprimés.

ART 58. — Les dispositions des articles 21, 22, 23, 24, 25 et 26 sont applicables aux élections des ly-truong. Les dispositions de l'article 27 sont applicables aux ly-truong pour l'établissement et la remise du brevet et du cachet.

ART. 59. — Après cinq ans de services, ou après trois ans s'il a exercé les fonctions de pho-ly pendant trois ans, le ly-truong peut recevoir un brevet de 9-2 dans le mandarinat. Au bout de quatre nouvelles années, le ly-truong peut recevoir un brevet de 9-1 dans le mandarinat.

Il peut obtenir, par la suite, à titre de récompense des avancements en grade jusqu'au 8-1 inclusivement, mais seulement pour des services exceptionnels dûment spécifiés.

Le ly-truong titulaire, lors de sa nomination, d'un grade de mandarinat, conserve ce grade. Après quatre ans de services il peut obtenir un avancement en grade.

ART. 60 — Les dispositions des articles 30 à 35 inclus concernant la démission et les mesures disciplinaires sont applicables aux ly-truong.

Toutefois la révocation du ly-truong est prononcée par décision du mandarin provincial ratifiée par l'Administrateur Résident

ART. 61. — En principe le ly-truong démissionnaire continue à assurer son service et conserve son cachet jusqu'à la nomination de son remplaçant. Dans le cas de maladie grave, de licenciement ou de révocation, le service est automatiquement et provisoirement assuré par l'un des pho-ly en activité, et, à défaut de pho-ly par un chanh-huong-hôi ou pho-huong-hôi. Cette désignation aura lieu sur la proposition du mandarin chef de circonscription, par décision du mandarin provincial.

Dans les divers cas, aussitôt la vacance ouverte, le cachet est remis directement à l'intérimaire.

Tout refus de remettre le dit cachet est puni des peines prévues à l'article 86 du Code Pénal Annamite.

Les mêmes peines sont applicables à tout ly-truong révoqué qui refuserait de remettre son brevet.

* *

ART. 62 — Les pho-ly sont recrutés par voie d'élection dans les conditions prévues à l'article 52. Ils doivent posséder des biens immobiliers d'une certaine importance dans le village ou le hameau où ils remplissent leurs fonctions, y être inscrits et y habiter.

ART. 63. — Le nombre des pho-ly (pho-ly hàng-xa) à élire dans chaque commune est déterminé par décision du mandarin provincial ratifiée par l'Administrateur-Résident.

Lorsqu'un village comprend plusieurs thôn distincts, chaque thôn pourra dans les mêmes conditions être pourvu d'un pho-ly (pho-ly hàng thôn)

ART. 64. — Le pho-ly hàng-xa est élu par un collège électoral identique à celui qui est prévu à l'article 51 pour l'élection du ly-truong et comprenant en plus le ly-truong en fonctions.

Dans le cas de hameaux pourvus de conseils administratifs distincts les pho-ly hàng-thôn seront élus par un collège électoral composé des électeurs du hameau rentrant dans l'une des catégories indiquées à l'article 51.

ART. 65. — Les dispositions des articles 53 à 58 inclus sont applicables aux élections des pho-ly.

ART. 66. — En ce qui concerne la nomination et le brevet, seront appliquées aux pho-ly les dispositions de l'article 43. —

ART. 67. — Les dispositions des articles 59, 60, 61 concernant la nomination et l'avancement dans le mandarinat, la démission, les mesures disciplinaires et le remplacement sont applicables aux pho-ly.

TITRE III

Dispositions diverses

ART. 68 — Les diverses fonctions cantonales et communales règlementées par le présent arrêté ne peuvent être remplies simultanément par des pères et fils ou par des frères (anh em ruôt)

Art. 69. — Sont inéligibles aux dites fonctions :

1°/ les individus condamnés à des peines d'emprisonnement sans sursis, par les tribunaux français ou indigènes jugeant en matière criminelle ou correctionnelle. En cas de sursis, ils sont inéligibles pendant la période de sursis.

2°/ les fonctionnires et agents de l'Administration indigène et des divers services indochinois ;

3°/ les agents cantonaux et communaux révoqués de leurs fonctions ou licenciés par mesure disciplinaire ainsi que les individus cassés de leur grade de mandarinat ;

4°/ les individus privés du droit d'éligibilité, conformément à l'article 29 du Code Pénal annamite rendu exécutoire par l'arrêté du 2 décembre 1921.

Art. 70. — Sont privés du droit de vote dans les élections concernant les chefs et sous-chefs de canton, les ly-truong et les pho-ly :

1°/ les individus condamnés à des peines d'emprisonnement sans sursis par les tribunaux français ou indigènes jugeant en matière criminelle ou correctionnelle. En cas de sursis, ils sont privés du droit de vote pendant la période de sursis ;

2°/ les fonctionnaires et agents de l'Administration indigène et des divers services indochinois révoqués de leurs emplois ainsi que les individus cassés de leur grade de mandarinat ;

3°/ les agents cantonaux et communaux révoqués de leurs fonctions ou licenciés par mesure disciplinaire ;

4°/ les individus privés du droit de vote, conformément à l'article 29 du Code Pénal Annamite rendu exécutoire par l'arrêté du 2 décembre 1921

Art. 71. — Tout individu convaincu d'avoir commis une fraude à l'occasion des élections sera puni des peines prévues aux articles 86 101, 312 et 313 du Code Pénal Annamite.

Art. 72. — Tout agent cantonal ou communal en instance de poursuites judiciaires pourra être suspendu d'office de ses fonctions par décision du mandarin provincial ratifiée par l'Administrateur Résident Il sera pourvu à son remplacement dans les conditions prévues aux articles 36, 47, 61 et 67.

Art. 73. — Les cachets remis aux autorités cantonales et communales ne pourront être engagés sous aucun prétexte. Toute infraction de cette nature sera punie des peines prévues à l'article 86 du Code Pénal Annamite

Art. 74. — Tout chef et sous-chef de canton, tout ly-truong ou pho-ly dont l'inaptitude physique aura été dûment constatée, sera, par décision du mandarin provincial ratifiée par l'Administrateur Résident, relevé de ses fonctions, à moins qu'il ne présente sa démission

Art. 75 — Tous les chefs et sous-chefs de canton, les ly-truong et pho-ly seront rayés des cadres à l'expiration de leur soixante cinquième année Par exception, pourra être maintenu en service l'agent reconnu apte à remplir ses fonctions sans cependant que cette mesure ait pour effet de lui permettre de continuer ses services au delà de 58 ans

Art. 76 — Les propositions à des grades de mandarinat concernant les chefs et sous-chefs de canton, les ly-truong et les pho-ly, dans les conditions prévues par les articles 28, 29, 44, 45, 59 et 67 du présent arrêté, auront lieu deux fois par an à l'occasion du Têt et du 14 Juillet sur des états de propositions distincts, l'un concernant les nominations prévues d'office pour les chefs et sous-chefs de canton, l'autre concernant les propositions présentées par ordre de mérite en faveur des ly-truong et pho-ly, Les propositions d'avancement en grade présentées en dehors des nominations prévues d'office seront faites par ordre de mérite sur les états annuels et habituels de propositions,

Art. 77. — Les dispositions du présent arrêté ne régissent en principe que le recrutement des chefs et sous-chefs, des ly-truong et pho ly des provinces habitées par des populations de race annamite.

Dans les régions du Haut Tonkin le recrutement des autorités cantonales et communales sera assuré conformément aux coutumes locales,

Art. 78. — L'Administrateur Chef de Cabinet, les Administrateurs Résidents, les Commandants de territoire militaire et les mandarins provinciaux sont chargés, chacun en ce qui le concerne, de l'exécution du présent arrêté.

Hanoi, le 3 Juillet 1930.

René ROBIN